조정민 잠언록

고난이 선물이다

지은이 | 조정민

초판 발행 | 2018년 12월 12일

21쇄 발행 | 2025. 1. 12

등록번호 | 제1988-000080.호

등록된 곳 | 서울특별시 용산구 서빙고로65길 38 두란노빌딩

발행처 | 사단법인 두란노서원

영업부 | 2078-3352 FAX 080-749-3705

출판부 | 2078-3331

책 값은 뒤표지에 있습니다.

ISBN 978-89-531-3365-5 03230

편집부에서 독자의 의견을 기다립니다.

tpress@duranno.com   http://www.Duranno.com

두란노서원은 바울 사도가 3차 전도여행 때 에베소에서 성령 받은 제자들을 따로 세워 하나님의 말씀으로 양육하던 장소입니다. 사도행전 19장 8-20절의 정신에 따라 첫째 목회자를 돕는 사역과 평신도를 훈련시키는 사역, 둘째 세계선교(TIM)와 문서선교(단행본·잡지) 사역, 셋째 예수문화 및 경배와 찬양 사역, 그리고 가정·상담 사역 등을 감당하고 있습니다. 1980년 12월 22일에 창립된 두란노서원은 주님 오실 때까지 이 사역들을 계속할 것입니다.

조정민 잠언록 ————

고난이
선물이다

조정민 지음

두란노

차례

프롤로그 6

Part 1 ──────── 넘 어 져 야
일 어 남 을 배 운 다

01
풍랑은
영원하지 않습니다 14

02
약함을 인정하는 것이
강함입니다 48

03
고난을 이긴 만큼
깊어집니다 76

04
지나고 보면
그 시간이 유익입니다 102

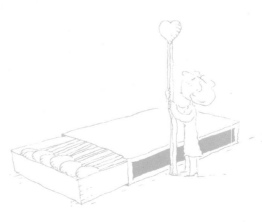

Part 2 ════════ 인생의 성공은 완주다

05
생각이
나를 바꿉니다 118

06
내가 먼저 바뀌어야
모두 바뀝니다 142

07
희생 없이
얻는 것은 없습니다 162

08
어떻게 살지는
내가 선택합니다 178

Part 3 ════════ 사랑할 수 없는 곳에 사랑이 있다

09
낮아질 수 있는 만큼이
사랑입니다 206

10
힘 중의 힘은
용서입니다 228

11
지혜 중의 지혜는
작아지는 것입니다 246

12
따뜻한 사람이
살 만한 세상을 만듭니다 262

지나고 보니
정말 고난은 선물입니다

누가 고난을 원하겠습니까? 그러니 고통스러운 사람에게 다가가 '고난이 선물이다'라는 말을 쉽게 해서는 안 됩니다. 깊은 고난 가운데 있는 사람에게는 고난을 함께해 주는 사람이 필요할 뿐입니다. 그가 들려주는 위로의 말보다 그의 눈물, 그의 한숨, 그의 온기가 진실로 위로가 됩니다. 눈물겨운 어려움에도 불구하고 고난을 이겨낸 사람들은 그 고통스러운 시간을 되돌아보며 회상합니다.

"지나고 보니 정말 고난은 선물입니다."

자녀를 낳은 어머니는 누구나 압니다. 열 달 간의 고통을 다시 겪고 싶지 않습니다. 산고의 고통은 정말 기억하고 싶지 않습니다. 그러나 그 고통의 의미를 알기에 같은 고통의 시간이 주어진다고 해도 두려워하지 않습니다. 그만한 값어치가 있는 고통이고, 장차 다가올 새 생명에 비한다면 지극히 작은 고통이라는 사실을 압니다. 그래서 처음은 제대로 모르고 겪지만 다음은 알고도 그 고통의 시간 속으로 걸어갑니다.

우리 인생 가운데 이런 고난의 시간이 아예 면제된 사람은 없습니다. 고난의 길을 걸어가 본 적이 없는 사람도 없습니다. 그래서 고난을 이겨낸 이야기들은 끝이 없습니다. 한 개인만이 아닙니다. 한 가정만이 아닙니다. 한 회사만도 아니고, 한 나라와 민족만도 아닙니다. 고난은 모두의 이야기입니다. 그러나 중요한 것은 그 고난의 흔적들이 다 아름다운 것도 아니라는 사실입니다. 비록 그 열매는 탐스러울지 몰라도 그 과정은 외면하고 싶고 눈과 귀를 막고 싶은 이야기들이 많습니다.

　하지만 고난은 유익입니다. 고난은 포장지로 분간하기 어려운 선물입니다. 그리고 고난은 그 고난을 허락하신 분이 누구인지를 알 때까지 바르게 해석되지 않습니다. 사실 고난은 병치레 후에 전보다 더 건강해졌다는 이야기나, 가진 것을 다 잃었다가 기적같이 그 모든 것을 되찾게 되었다는 이야기와는 다릅니다. 그리스도인들에게 고난은 구원이라는 큰 숲속의 작은 나무나 가지의 이야기입니다. 때문에 그리스도의 고난이 가져다 준 상상할 수 없는 선물에 비춰볼 때에만 인간의 고난들이 비로소 해석될 뿐입니다.

《사람이 선물이다》,《인생은 선물이다》두 잠언록에 이어《길을 찾는 사람》,《새로운 길을 가는 사람》이 더 출간되었습니다. 《고난이 선물이다》는 사실《길을 찾는 사람》에 앞서 펴내고자 했던 책입니다. 그러나 제목 때문에 오히려 늦어졌습니다. 짧은 글이 결코 가볍지 않아야 한다는 부담이 커서 글을 쓰는 것 못지않게 고르는 것 자체가 가볍지 않은 고통이었습니다. 그 작은 고통이 큰 고통 속에 있는 분들에게 위로가 되기를 바라는 마음이 간절합니다.

우리가 살고 있는 이 시대가 인간에게 유독 더 많은 고난을 안겨주고 있는 것은 아닙니다. 그러나 고난을 해석하고 받아들이는 능력이 점점 줄어드는 다음세대들을 보면서 마음이 편치 않습니다. 인생의 행복은 대부분 성취의 욕구가 충족될 때 찾아오지만, 더 깊이 들어가 보면 실은 '고난 감내 지수'가 낮아서는 결코 맛볼 수 없기 때문입니다. 그래서 고난은 선물입니다. 피할 수 없는 고난은 피해서는 안 될 선물입니다. 어릴 때 듣고 자랐던 고진감래(苦盡甘來)라는 말은 실제 경험될 때만 깨달아집니다.

　다가올 시대, 다가올 책임 앞에 놓인 우리 모두에게 이 시대의 고통, 이 세대의 고난이 선물이 되기를 바랄 뿐입니다. 늘 고통스러운 일을 마다하지 않는 두란노 가족에게 변함없는 감사를 전합니다.

2018년 12월
초겨울의 황사와 미세먼지의 고통을 겪어내며
조정민

Part 1 ━━━━━━━━━━

넘어져야
일어남을 배운다

01

—

풍랑은 영원하지 않습니다

1

풍랑은 영원하지 않습니다.
터널은 무한하지 않습니다.
견디면 다 지나갑니다.
지나고 보면 그 시간이 유익입니다.

2

고통을 견딘 만큼 강해지고,
고난을 이긴 만큼 깊어집니다.

3

최악은 최선이 싹트는 모판이고,
절망은 희망이 자라는 밭입니다.

4

두려움은 누구에게나 있습니다.
한 사람은 두려움에 사로잡혔을 뿐이고,
또 한 사람은 두려움을 사로잡았을 뿐입니다.

많은 일을 해서 대단한 것이 아니라
오래 견뎌서 대단한 것입니다.

눈을 뜨면 눈앞의 것을 보고,
눈을 감으면 눈으로 볼 수 없는 것을 봅니다.

7

슬픔, 고통, 근심, 염려 안에는
숨겨진 생명의 비밀이 있습니다.

8

게으른 친구보다 부지런한 적이 낫고,
아부하는 직원보다 욕하는 손님이 낫고,
입맛에 맞는 내 편보다 귀에 거슬리는
남의 편이 낫습니다.

9

염려해서 염려할 일이 없어지면 염려하면 되고,
비난해서 비난거리가 없어지면 비난하면 됩니다.
그러나 염려건 비난이건 하면 할수록 더 늘어납니다.

보이는 어두운 현실과 보이지 않는 밝은 미래를
연결하는 다리는 오직 두 기둥으로만 세워집니다.
희망과 믿음입니다.

그러나 믿음과 희망을 품고 인내하는 과정은 대부분
내가 원하지 않는 고통과 고난입니다.

11

씨앗이 죽지 않으면 나무가 살지 못하고,
알이 깨지지 않으면 새가 날지 못합니다.

무지개를 보고 싶다면
먼저 비바람을 견딜 준비를
해야만 합니다.

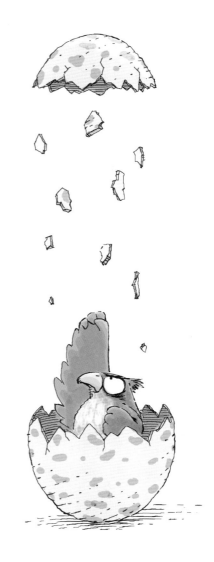

12

가까이 가서 보면 성한 나뭇잎이 없고,
샅샅이 파고 보면 옳은 사람이 없습니다.

13

실수는 내가 노력하고 있다는 증거이고,
비난은 내가 비위를 맞추고 있지 않다는 증거이고,
고난은 내가 안주하고 있지 않다는 증거입니다.

14

골짜기와 정상은 이어져 있고,
고난과 영광도 이어져 있습니다.
둘은 결코 따로 존재하지 않습니다.
더구나 높은 곳에서 보면 높낮이가 없습니다.

15

도둑은 수입이 없어야 잘되는 것이고,
노름꾼은 판돈이 떨어져야 잘되는 것입니다.
내 뜻대로 잘되는 길이 때로는 내가 망하는 길이고
남을 어렵게 하는 길입니다.

16

사람은 바위에 걸려 넘어지는 것이 아니라
돌멩이에 걸려 넘어집니다.

17

계속 실패하는 것은 오르막길을 걷고 있는 까닭이고,
더 이상 실패하지 않는 것은
내리막길에 접어든 때문입니다.

18

입구가 있으면 출구가 있고,
오르막이 있으면 내리막이 있고,
문제가 있으면 해답이 있고,
고난이 있으면 축복이 있습니다.
반드시 있습니다.

인간의 가장 큰 능력은
다시 시작할 수 있는
능력입니다.

20

인생은 내가 선택할 수도, 결정할 수도,
책임질 수도 없는 일들에 휘말리는,
피할 수 없는 과정입니다.
고난은 그 과정의 다른 이름입니다.

21

기도는 내 뜻을 이루는 수단이 아니라
상황에 휘둘리지 않는 능력입니다.

22

문제를 아이가 혼자 고민하면 아이의 문제이고,
아버지와 의논하면 아버지의 문제입니다.

고난은 해답을 요구하는 것이 아니라
뚫고 이겨낼 의지를 요구합니다.

상처보다 큰 꿈이 있으면 상처를 견딜 수 있고,
고통보다 큰 보상이 있으면 고통을 견딜 수 있고,
고난보다 큰 미래가 있으면
고난을 견딜 수 있습니다.

25

문제가 없어서 행복한 것이 아니라
문제를 다룰 수 있어서 행복한 것입니다.

26

고통의 의미를 모르는 것이 가장 큰 고통이고,
고난의 의미를 모르는 것이 가장 큰 고난입니다.

27

실패가 무서운 것이 아니라 패배감이 무섭고,
상실이 힘든 것이 아니라 상실감이 힘들고,
무능이 잘못이 아니라 무력감이 잘못입니다.

늘 그 '감'이 문제입니다.

다들 아무런 희망이 없다고 말할 때에도
결코 한줄기 희망을 버리지 않는 사람이
결국 희망의 길을 엽니다.

드센 바람이 불면 작은 불은 꺼지지만
큰 불은 더욱 거세게 타오릅니다.
힘든 고난이 오면 작은 사람은 넘어지지만
큰 사람은 더욱 분연히 일어섭니다.

고난을 치워 달라고 기도하기보다
고난을 이기게 해달라고 기도하고,
저 사람 치워 달라고 기도하기보다
저 사람 품게 해 달라고 기도해 보세요.
그 기도는 반드시 응답됩니다.

인생은 너무 짧아서
오르막 내리막을 다 즐겨야 합니다.

가장 밝은 별은
가장 어두운 밤에 빛나는 별이고,
가장 감동적인 노래는
가장 슬픈 밤에 부르는 노래입니다.

33

인생에 어떤 것도 내 것이란 없다는 것을
깨닫게 하는 일에 붙여진 이름이 고난입니다.

34

꽃이 필 때 비바람이 많고,
일이 될 때 훼방이 많습니다.

35

공부는 많은 것을 가르쳐주고,
고난은 모든 것을 가르쳐줍니다.
고난은 가장 값진 선물입니다.

등산의 성공은 정상에 오르는 것이지만,
인생의 성공은 완주하는 것입니다.

일어설 수 없을 때가 기필코 일어서야 할 때이고,
기도할 수 없을 때가 반드시 기도해야 할 때입니다.

38

파도가 거친 것이 문제가 아니라
배에 구멍 뚫린 것이 문제이고,
상황이 문제가 아니라

내 믿음이 작은 것이 문제입니다.

39

내가 소중하게 여기는 것들이 자꾸 사라질 때는
생각하고 또 생각해야 합니다.
그걸 너무 의지하고 살지 말라는 사인이기 때문입니다.

40

어둠 속에서만 보이는 불빛이 있고,
고난 속에서만 해석되는 의미가 있습니다.

플러그를 꽂으면 배터리 걱정이 없고,
수도를 연결하면 물 걱정이 없습니다.
모든 걱정은 연결되어야 할 곳에
제대로 연결되지 않은 탓입니다.

귀를 막고 싶은 얘기, 따르기 힘든 요구,
듣기 부담스러운 조언은 꼭 들어야 할 말입니다.
듣고 싶은 얘기, 낯간지러운 칭찬, 편안한 조언은
꼭 듣지 않아도 되는 말입니다.

43

길을 모르면 생각이 많아지고,
길을 놓치면 걱정이 많아집니다.
제 길을 가면 힘들어도 마음은 평안합니다.

44

나무는 가지가 짐이 아니고,
새는 날개가 짐이 아니고,
사람은 가정이 짐이 아닙니다.

사람들의 기대 위에 내 인생을 짓는 것은
모래성을 쌓는 일입니다.

그 기대는 반드시 변하고
언젠가 바뀌기 때문입니다.

46

고통은 생명의 일부이고,
고난은 형통의 일부이고,
실패는 성공의 일부입니다.

무책임한 선택이란 없습니다.
오늘 내가 선택한 그 선택은 반드시
내일 내게 책임으로 되돌아옵니다.

약함을 인정하는 것이
강함입니다

48

물에 빠졌을 때는
몸에 힘을 빼야 몸이 뜨고,
목에 힘을 빼야 오래 견딥니다.

나의 어리석음을 깨닫는 것 외에
내가 더 지혜로워지는 길이 없고,
나의 잘못을 인정하는 것 외에
내가 바른 길을 찾을 수 있는 방법이 없습니다.

내가 옳고
당신이 틀렸다는 것을 입증하느라 보낸 시간이
가장 무의미한 시간입니다.

51

욕은 남을 추하게 만들기 전에
나를 먼저 추하게 만들고,
비난은 남을 부끄럽게 만들기 전에
나를 먼저 부끄럽게 만듭니다.

52

비난하는 것보다 아둔한 시간이 없고,
변명하는 것보다 아까운 시간이 없습니다.

어리석은 일을 가장 많이 하는 사람들의 공통점은
자신이 누구보다 똑똑하다고 여기는 것입니다.

늘 이웃과 비교하며 사는 버릇 하나 버리면
초조함이 왔다가 달아나고
불행이 오다가 피해 갑니다.

실수가 잘못이 아니라
실수를 인정하지 않는 것이 잘못입니다.
죄 짓는 것이 악한 일이 아니라
죄를 인정하지 않는 것이 악한 일입니다.

뿌리 깊은 열등감은 높고 높은 교만의 원인입니다.

열등감이 사라지지 않으면 교만도 없어지지 않습니다.

둘은 언제나 쌍둥이처럼 붙어 다닙니다.

교만이란 내 생각이 가득해서

남의 생각이 들어올 틈이 없는 상태를 말합니다.

교만은 영적인 치매입니다.

망하는 사람들의 공통점이 교만입니다.
교만한 사람을 보면 곧 망하겠구나 생각하고
불쌍하게 여기면 됩니다.

자랑의
시작은
몰락의
시작입니다.

60

자신의 이름을 드러내고자 하는 사람 중에
진실한 사람을 찾기가 어렵고,
어디서나 가르치고자 하는 사람 중에
겸손한 사람을 찾기가 어렵습니다.

61

마음에 없는 얘기를 쉴 새 없이 해대는 달변보다
차라리 마음에 가득한 얘기조차
변변히 입 밖에 내지 못하는 눌변이 낫습니다.
감동은 언제나 진심에서 우러납니다.

62

잘못은 변명할수록 더 불어나고,
궤변은 합리화할수록 더 꼬입니다.

잘못을 인정하는 것보다
지혜로운 결정이 없고,
그 잘못을 고치는 것보다
대담한 용기도 없습니다.

64

실수로부터 배우는 길은
변명하지 않고 인정하는 것입니다.

실수를 반복하는 길은 때마다 변명하고
잘못을 누군가에게 돌리는 것입니다.

아무리 늦어도 새로 시작할 수 있고,
아무리 멀리 가도 돌아설 수 있습니다.
잘못을 아는 것이 복입니다.

어리석은 자는 맞고 나서 돌아서고,
지혜로운 자는 맞기 전에 돌아섭니다.
탐욕스러운 자는 맞아도 돌이키지 않습니다.

잦은 실패는 도전하게 하고,
잦은 실수는 능력을 키웁니다.

길을 잃었을 때는
출발지로 되돌아가는 것이
가장 빠릅니다.

죽을힘을 다해 죽음의 길을 달려갑니다.
그 길 끝에 죽음이 있음을 모르기 때문입니다.

알면 서로 빨리 가겠다고 그렇게 애를 쓰겠습니까?

우주는 끝이 있지만
인간의 어리석음은 끝이 없습니다.

잘못된 진리를 철석같이 믿고 사는 사람은
죽을 때까지 자신의 어리석음을 모릅니다.

72

우리 모두는 서로에게 빚진 자들입니다.
빚진 줄 아는 자와 모르는 자가 있을 뿐입니다.

73

용서의 밧줄에 매달려 사는 사람은
복수의 칼로 그 밧줄을 자르지 않습니다.

67

진짜는 진짜라고 주장하지 않고,

정직은 정직이라고 주장하지 않습니다.

그럴 이유가 없기 때문입니다.

다만 가짜가 주장이 많고 거짓이 말이 많을 뿐입니다.

75

말이 적은 이유는 삶이 단순하기 때문이고,
말이 많은 이유는 삶을 꾸며대기 때문입니다.

76

넉넉함이란 많이 가진 곳에 있지 않고
탐욕에서 풀려난 곳에 있습니다.

77

그 사람을 참고 견디는 것은 약해서가 아니라
강하기 때문입니다.
정말 강하면 끝까지 참고 견딥니다.

78

실력은 난제 앞에 드러나고,
인격은 비난 앞에 드러납니다.

79

불평은 나를 알아달라는 몸짓이고,
비난은 나를 사랑해 달라는 하소연입니다.

80

내 일이 없으면 언제나 남의 일이 궁금합니다.
자신이 없으면 언제나 불신에 시달립니다.

다른 사람에게
걸려 넘어지지 않습니다.
먼저 나 자신에게
걸려 넘어지고 나서
다른 사람 핑계를 찾은 것입니다.

손해는 혼자 감당하기가 어렵고,

이익은 같이 나누기가 힘듭니다.

그래서 손익 앞에 속셈과 인격이 드러납니다.

줄타기를 즐기는 사람은
언젠가 줄에서 떨어지고,
벼랑 끝에서 노는 사람은
언젠가 벼랑 끝에서 떨어집니다.

어리석은 사람은 실수하는 사람이 아니라
실수에서 배우지 못하는 사람이고,
미련한 사람은 넘어지지 않는 사람이 아니라
넘어진 곳에서 또 넘어지는 사람입니다.

85

기도는 언제나 길을 냅니다.
그런데 그 길은 때로 내가 원하는 길이 아닙니다.

86

용기가 없는 인생은 날이 없는 칼과 같고,
인내가 없는 인생은 칼집이 없는 칼과 같습니다.

87

능력이 일을 시작하고,
인내가 일을 지속하고,
믿음이 일을 마칩니다.

고
난
을

이
긴
만
큼

깊
어
집
니
다

88

앞으로 가려면 짐을 줄여야 하고,

멀리 가려면 짐이 더욱 가벼워야 하고,

마지막까지 가려면 짐을 다 버려야 합니다.

말이 줄어들었다는 것은 철들기 시작했다는 뜻이고,
말이 많아졌다는 것은 배움을 멈췄다는 뜻입니다.

90

나무는
위로 열매 맺기 전에 반드시
아래로 먼저
깊이 뿌리를 내립니다.

91

인생의 문제는 너무 빨리 늙고
너무 늦게 현명해지는 것입니다.

92

옳은 소리인데 화가 나고
잘못된 일인데도 끌리는 것은
내가 미숙한 증거입니다.

겸손의 계곡에서 출발하지 않고
인격의 정상에 이른 사람은 아무도 없습니다.

인생이 쉬워지는 법은 없습니다.
내가 강해지는 길이 있을 뿐입니다.

미숙한 사람은 어떤 일이건 비난하고,
성숙한 사람은 무슨 일이건 보완합니다.

96

미숙한 사람은 나를 자랑하고,

성숙한 사람은 남을 자랑합니다.

나를 자랑하는 사람은 남의 자랑 듣기가 거북하고,

남을 자랑하는 사람은 내 자랑이 불편합니다.

97

14번 두드려 맞으면 14K가 되고,
18번 두드려 맞으면 18K가 되고,
24번 두드려 맞으면 순금이 됩니다.
고난은 정금이 되는 지름길입니다.

잃고 보면 잃은 것보다
아직 남은 것이 많다는 것을 깨닫고,
가져보면 가진 것보다
갖지 못한 것이 훨씬 더 많다는 것을 발견합니다.

잃은 것을 하염없이 생각하는 사람은
남아 있는 것을 바라볼 엄두를 내지 않습니다.
그러나 잘 보면 거두어 간 것이 아니라
아직 남겨둔 것이 보입니다.

100

내가 이미 받은 것이 무엇인지,
내가 이미 받은 것이 얼마나 많은지를 모르는 사람들이
늘 새로운 것을 원하고 더 많은 것을 요구합니다.

101

바람의 방향을 바꿀 수는 없어도 돛의 방향을 바꿔
목적지에 이를 수 있듯이, 내 능력을 바꿀 수 없을지라도
태도와 성품을 바꾸면 목적지에 이를 수 있습니다.

나를 위한 연민이 더 많은 고통을 낳고,
나를 위한 열심이 더 많은 문제를 만듭니다.
나를 향한 관심을 이웃으로 돌리면
그 큰 고통과 문제가 홀연히 작아집니다.

비를 즐기는 사람은 옷 젖는 것을 피하지 않고,
스키를 배우는 사람은 넘어지는 것을 개의치 않고,
사랑하는 사람은 배신당하는 것에 묶이지 않습니다.

104

실족해서 다시 일어나고,
실수해서 다시 추스르고,
실패해서 다시 시작합니다.
끝내지 않고 다시 하면 됩니다.

105

어릴 때는 나보다 중요한 사람이 없고,
나이 들면 나만큼 대단한 사람이 없고,
늙고 나면 나보다 더 못한 사람이 없습니다.

향기는 결코 때를 앞질러 나는 법이 없습니다.

반드시 때가 되어서 납니다.

나이 들고 철든다는 것은 내 것 아닌 것을

내 것으로 여긴 것이 착각이었음을 깨닫는 것입니다.

내가 가진 모든 것은 잠시 맡겨진 것입니다.

성공이란
다시 일어서는 일입니다.

열 번이고 백 번이고 다시 일어서는 일입니다.
그리고 일어설 때마다
웃음을 잃지 않는 일입니다.

109

날마다 다른 사람들과 싸우면
점점 어리석어지고,
날마다 나 자신과 씨름하면
점점 지혜로워집니다.

110

잃었지만 잃은 것에서 배우면 얻은 것이고,
실패했지만 실패에서 배우면 성공한 것입니다.
죽는 날까지 배우면 손해도 없고 실패도 없습니다.

정직한 삶은 조각이 나도 향기가 나고,
거짓된 삶은 포장을 해도 악취가 납니다.

키가 큰다고 하늘에 더 가까워지지 않고,
나이 든다고 영원에 더 가까워지지 않습니다.
성숙은 늘 속사람의 일입니다.

성장은 하나씩 더하는 일이고,
성숙은 하나씩 버리는 일입니다.

114

깨어진 독에 물을 가득 담는 방법은 오직 하납니다.
독에 물을 붓는 것이 아니라, 독이 물속에 잠기는 것입니다.

115

건강한 공동체는 헬스클럽이 아니라 재활센터입니다.

116

내가 잘해서 된 일보다
상대가 잘못해서 된 일이 더 많습니다.
그러니 내가 잘된다고 우쭐댈 일이 아닙니다.

117

감당할 능력 없이 많은 돈을 갖게 되는 것보다
나를 불행하게 만드는 일이 없고,
감당할 능력 없이 권력을 갖게 되는 것보다
남을 불행하게 만드는 일이 없습니다.

사슬에 묶인 사람은 사슬의 무게만큼
고통을 겪고,
중독에 빠진 사람은 중독의 깊이만큼
고통을 겪습니다.

불이 있는 사람만이 누군가에게

불을 옮겨 붙일 수 있습니다.

기술을 배우기보다 먼저 가슴에 불을 지피십시오.

더 사랑하는 사람이 져주고
더 큰 사람이 참아주고
더 아는 사람이 속아줍니다.

두려움을 이겨내야
새 일이 시작됩니다.

미숙하면 사람 말 한 마디에 걸려 넘어지고,
성숙하면 사람 말 열 마디에도 걸려 넘어지지 않습니다.
사람 말 너무 마음 깊이 담을 것이 못 됩니다.

123

인내가 다툼보다 낫고, 자제가 승리보다 낫습니다.
부전승의 비밀입니다.

124

서운하고 괘씸한 일이 많다는 것은
아직 어리다는 뜻이고,
안타깝고 불쌍한 사람이 많다는 것은
그만큼 어른스러워졌다는 뜻입니다.

04

지나고 보면
그 시간이 유익입니다

125

어린아이는 3천 번 이상 넘어지는 실수 끝에
걷기를 배웁니다.
실수하더라도 용서받을 수 있다는
믿음이 있을 때 우리는 비로소 실수에서 벗어납니다.

고통 없이 성장할 수 없고,
고난 없이 성숙할 수 없습니다.

깨어졌기에 아픔을 알고,
넘어졌기에 회복을 압니다.

구할 때마다 얻게 되는 것은
잘된 것이 아니라 큰일 난 것입니다.
깨닫고 보면 내 뜻대로 되지 않아 잘된 일이
한두 가지가 아닙니다.

129

자꾸 넘어지다 보면 혼자 일어나는 법을 배우고,
자주 맞다 보면 견딜 수 있는 맷집이 생깁니다.
그러다 보면 다른 사람 따라가지 않아도
살 수 있는 길이 보입니다.

130

땅이 흔들릴 때 비로소 땅이 흔들리지 않는 것도
감사할 일임을 깨닫습니다.
가쁜 숨을 몰아 쉴 때 비로소 숨 쉬는 것도
감사할 일임을 깨닫습니다.

131

멀리 가지 않으면 다다를 수 없는 장소가 있고,
높이 오르지 않으면 볼 수 없는 경관이 있고,
오래 기다리지 않으면 맛볼 수 없는 열매가 있습니다.

132

지고도 이기는 인생이 있고,
이기고도 지는 인생이 있습니다.
인생이 끝나봐야 압니다.

133

돌아보면 나를 편안하게 해준 사람이 아니라
힘들게 했던 사람 때문에 내가 이만큼 자랐습니다.

134

좋은 기회는 손해 보는 곳에 있습니다.
진짜 기쁨은 손해 보는 일에 있습니다.
참된 영광은 손해를 겪은 뒤에 찾아옵니다.
지나보면 손해는 결코 손해가 아닙니다.

수고를 멈추지 않으면 반드시 문이 열립니다.
수고가 쌓이면 반드시 놀라운 일이 생깁니다.
수고는 언제나 정직합니다.

이 문이 닫혔다는 것은 다른 문이 열렸다는 뜻입니다.
닫힌 문을 다시 열겠다고 서성이는 만큼
다른 문 찾는 시간만 빼앗깁니다.

이겨야 이기는 것이 아닙니다.

때로는 견디고 버티는 것이 이기는 것이고,

때로는 물러서고 져주는 것이 이기는 것입니다.

이긴 자들의 말로가 말합니다.

138

지금 그토록
커 보이는 일도
먼 훗날 돌아보면

별일도 아닙니다.

139

때로는 웃을 수밖에 없어도 웃음은 큰 능력이고,
때로는 기도밖에 할 수 없어도 기도는 가장 큰 힘입니다.

140

최악의 상황은
언제나 반전의 기회입니다.

141

자족보다 사람을 행복하게 하는 것이 없고,
탐욕보다 사람을 불행하게 하는 것이 없습니다.

142

꿈이 있어 의미가 있고,
고통이 있어 가치가 있습니다.

과거가 괴롭고 현재가 힘들고 미래가 불안한 까닭은
내 인생이 해석되지 않아서입니다.

내가 이해할 수 있다는 것은
내 계산에 맞는다는 뜻이고,
내가 이해할 수 없다는 것은
내 계산에 맞지 않는다는 뜻입니다.
그러나 내 계산은 항상 좁고 작을 뿐입니다.

훈련에는 목적이 있고,
순종에도 때가 있습니다.

Part 2 ━━━━━━━━ 인생의 성공은

완주다

05

생각이

나를 바꿉니다

146

작은 벌레가 옷 한 벌을 버려놓고,
작은 구멍이 배 한 척을 빠뜨리고,
작은 버릇이 내 인생을 망칩니다.

147

모든 일은 내 안에서 시작합니다.
내 마음속에서 벌어진 일이 후에 내 밖에서 일어납니다.
그러니 내 안에서 그 일이 이뤄지지 않으면
내 밖에서 결코 이뤄지지 않습니다.

148

먹는 것을 바꾸지 않으면 몸을 바꿀 수 없고,
생각하는 것을 바꾸지 않으면 삶을 바꿀 수 없습니다.

금수저, 은수저, 흙수저 별 차이 없습니다.
다 땅 속에 묻힐 것들입니다.

중심이 흔들리면 바쁜 사람이 되고,
중심이 굳건하면 부지런한 사람이 됩니다.

151

무거운 욕심을 내려놓는 것보다
편안한 휴식은 없습니다.

152

머리에 무엇을 담느냐 보다
마음에 무엇을 담느냐가
훨씬 더 중요합니다.
마음에 담은 것이
머리에 담은 것을
지배하기 때문입니다.

153

사람은 자신이 한계라고 설정한 곳까지만 갈 수 있습니다.
보는 만큼 가고, 가는 만큼 알고, 아는 만큼 삽니다.

간절히 원하는 사람은 결코 핑계를 찾지 않고
반드시 방도를 찾습니다.

과거는 달라지지 않습니다.
다만 과거를 돌아보는 내 해석이 달라질 뿐입니다.
미래도 달라지지 않습니다.
다만 미래를 내다보는 내 선택이 달라질 뿐입니다.

인간의 가장 큰 문제는 인간이 얼마나 고귀한 존재인지를
모르는 데서 비롯된 것이고,
인간의 가장 큰 손실은 인간이 가진 무한한 가능성을
모르는 데서 초래된 것입니다.

좁은 마음에서 좁은 생각이 나고
넓은 마음에서 넓은 생각이 납니다.
좁은 생각에서 다툼이 나고
넓은 생각에서 화해가 납니다.
마음 넓히는 것보다 큰 일이 없습니다.

내가 생각을 사로잡지 않으면
생각이 나를 사로잡고 맙니다.

159

좋은 사람을 만나는 가장 빠른 길은
내가 좋은 사람이 되는 길입니다.
좋은 사람이 되는 가장 빠른 길은
종일 내 안에 좋은 생각을 품는 것입니다.

160

행동의 버릇은
다 생각의 버릇이 맺은 열매입니다.

패배한 것이 아니라 포기한 것이고,
승리한 것이 아니라 견뎌낸 것입니다.

승패는 내게 달렸습니다.

162

남에게 시비하는 말 내게 먼저 해보고,
남에게 비판하는 말 내게 먼저 해보면
화내고 다툴 일이 별로 없습니다.

163

돈에 맞춰 일하면 직업이고,
돈을 넘어 일하면 소명입니다.

164

기억한다고 제대로 아는 것이 아니고,
경험했다고 바르게 아는 것이 아닙니다.
내 기억과 내 경험에 내가 가장 잘 속습니다.

165

인생의 가장 큰 비극은 할 필요가 없는 일을
온 힘을 다해서 하는 것이고,
해서 안 될 일을 죽을힘을 다해서 하는 것입니다.

불만을 나에게 말하면 낙심이 되고
남에게 말하면 비난이 되고
신에게 말하면 기도가 됩니다.

167

내 안에 비교할 수 없는 기준을
갖지 않으면
일생 내 밖에 있는 것들과
비교하다 인생 끝납니다.

아무리 남의 비위를 맞추어도
결국 사람의 비위는 상하기 마련입니다.
그냥 내 페이스대로 가십시오.
남의 비위는 맞을 때도 있고 틀릴 때도 있을 뿐입니다.

불행한 어제에 붙들리면 오늘 다시 불행하고,
행복할 내일에 붙들리면 오늘 미리 행복합니다.

170

기회는 아직 때가 아니라는 사람과
이미 때가 늦었다는 사람 사이에 있습니다.

171

상처 없는 사람은 없습니다.
다만 자기 상처를 끌어안아
상처를 아물게 하는 사람과,
자기 상처를 계속 긁어
상처를 덧내는 사람이 있을 뿐입니다.

172

모든 것이 부족하면

한 가지만 채워져도 감사하고,

모든 것이 풍족하면

한 가지만 모자라도 불만입니다.

173

불행의 씨앗은 밖에서 뿌려지지만
싹은 언제나 내 안에서 자랍니다.
내 밖에서 일어나는 일보다
항상 내 안에서 일어나는 일이 더 중요합니다.

174

반드시 기억해야 할 일은 잊어버리고
잊어도 될 일은 기억하느라 인생이 복잡합니다.
반드시 해야 할 말은 침묵하고
침묵해도 될 말을 반복하느라 세상이 소란합니다.

175

결점을 찾기로 결심한 사람은
기어이 결점을 발견할 것이고,
장점을 찾기로 결정한 사람은
반드시 장점을 발견할 것입니다.

176

다 알고 가는 사람은 없습니다.
굳게 믿고 가는 사람이 있을 뿐입니다.

06

내가 먼저 바뀌어야 모두 바뀝니다

177

힘든 사람이 더 많아지고, 짜증나게 하는 사람이
더 늘어나면 주위 사람들이 문제가 아니라
나한테 문제가 생긴 겁니다.

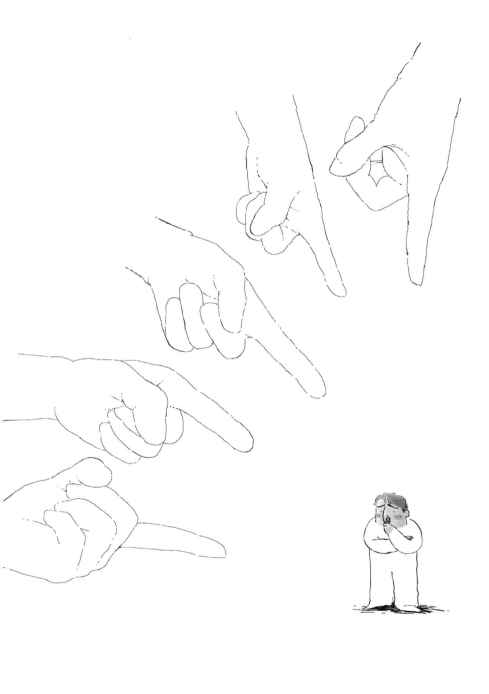

백 가지 장점을 다 갉아먹는 단점이 교만이고,
백 가지 단점을 다 보완하는 장점이 겸손입니다.

세상을 바꾸는 첫 걸음은 나를 바꾸는 것입니다.
세상을 바꾸는 가장 쉬운 방법도 나를 바꾸는 것입니다.

180

나를 그냥 두고 세상을 바꾸려는 사람들 때문에
세상은 결코 바뀌지 않습니다.

181

왜 내가 나를 바꾸지 못하면서
내가 바꿀 수 없는
그 사람 때문에
괴로워합니까?

변한 사람만이
변화를 일으킵니다.
변하지 않은 사람은
변화를 말할 뿐입니다.

상처에 붙들릴 것이 아니라
꿈에 붙들려야 합니다.
상처에 붙잡히면 미래로 못 갑니다.

그러나 꿈에 붙들리면
과거는 새롭게 해석됩니다.

184

자기를 사랑하는 것은 좋은 일이지만,
자기만 사랑하는 것은 끔찍한 일입니다.

185

사람은 상황을 바꾸기를 원하고,
신은 사람을 바꾸기를 원합니다.

186

내 수준만큼 사람이 모이고,
내 수준만큼 사람을 기르고,
내 수준만큼 사람을 흩습니다.
그러니 내 수준이 얼마나 중요합니까?

187

뚜렷한 이유 없이 그가 싫은 것은
나의 못난 성품 때문이고,
특별한 까닭 없이 그가 좋은 것은
그의 선한 성품 때문입니다.
그래서 못난 사람에게는 싫은 사람이 많습니다.

188

싫은 사람이 늘어나고 미운 사람이 많아지면
잘못 살고 있는 것입니다.

189

좋은 사람 찾는 데 시간 쓰는 것보다
내가 좋은 사람 되는 데 시간 쓰는 것이 열 배는 낫습니다.
다른 사람 나쁜 일 열 가지 욕하는 것보다
내가 나쁜 일 한 가지 안 하는 것이 백배는 낫습니다.

190

성공에 도취한 나,
실패에 주저앉은 나,
목이 뻣뻣한 나,
시기심에 찌든 나,
불안에 떠는 나,
분노에 불타는 나‥

나의 가장 큰 적은
언제나
나 자신입니다.

191

나를 찾는
유일한 길은
나를 떠나는 길입니다.

내가 좋은 사람이 되려고 애쓰지 않으면
절대로 좋은 사람을 만날 수 없습니다.
내가 악한 사람이 되면 애쓰지 않아도
악한 사람을 줄줄이 만나게 됩니다.

193

분노는 대부분 나를 화나게 한 사람의 문제가 아니라
내 문제입니다.
내 안에 도사린 것들이
그 사람의 말이나 그 일로 실체를 드러낸 것입니다.

그 실체란 곧 나의 어리석음이거나 탐욕입니다.

194

부족한 게 많은 사람이
허세를 부립니다.

195

왜 더 좋은 생각을 갖고 있지 않으면서
다른 사람의 생각을 비난합니까?
왜 더 좋은 생각을 갖고 있는데
다른 사람의 생각을 비난하는 데 시간을 씁니까?

196

세상에 소란을 끼치려면 목소리를 높여야 하고,
세상에 영향을 끼치려면 목소리를 낮춰야 합니다.

197

잘 몰라서 싫어하고 어설프게 알아서 잔소리하고
거꾸로 알아서 욕합니다.
제대로 알면 입을 닫고 마음을 엽니다.

198

날마다 방향을 먼저 점검하지 않으면
어느 날 내가 목표에서 얼마나 곁길로 벗어났는지
모르게 됩니다.

199

인생의 가장 큰 손실은 내가 가진 것을 잃는 것이 아니라
나를 바꿀 수 있는 기회를 잃는 것입니다.

거울은 얼굴을 비춰보라고 있는 것이고,
양심은 생각을 비춰보라고 있는 것입니다.
비춰보지 않으면 내가 어떤 사람인지
다른 사람은 아는데 나만 모릅니다.

201

"누가 나를 조금만 도와주면
내 인생이 활짝 꽃필 수 있을 텐데…."

아닙니다.
부족한 건 도움이 아니라 내 열정입니다.

202

쓰레기를 혐오하고 비판하고 비난해서 사라지지 않습니다.
쓰레기는 누군가 말없이 치워야 사라집니다.

203

변하지 않은 채로 그냥 정직하게 살면 변할 기회가 있지만,
변한 체하고 속이고 살면 변할 기회마저 놓칩니다.

204

나 자신에 안달하지 않는 사람은
남을 닦달하지 않습니다.
내 안에 도사린 불안은
내 곁에 있는 사람들의 평안을
기어이 깨뜨리고 맙니다.

07

—

희생 없이

얻는 것은 없습니다

205

잠시의 쾌락을 좇다가 그 쾌락에 비할 수 없이
오랜 고통을 겪고,
잠깐의 고통을 피하려다 그 고통에 비할 수 없이
오랜 수치를 겪습니다.

206

세우기 전에 반드시 허물어야 할 것이 있고,
메우기 전에 반드시 파보아야 할 것이 있습니다.
그 일을 지나치면 언젠가 다시 허물고
언젠가 다시 파야 합니다.

207

외모는 돈을 들여야 가꿀 수 있고,
인격은 돈을 버려야 가꿀 수 있습니다.
신기하게도 돈을 들인 외모가
돈을 버린 인격만큼 오래가지 않습니다.

먹고 싶은 대로 먹고, 놀고 싶은 대로 놀고,
가고 싶은 곳만 가고, 듣고 싶은 것만 듣고,
말하고 싶은 대로 말하는 것은
자유롭게 사는 길이 아니라
망하는 지름길입니다.

자유의 본질은
욕망을 마음껏 채우는 데 있는 것이 아니라
욕망이 요구하는 것을
거부할 수 있는 데 있습니다.

그냥 되는 일은 없습니다.

모든 일은 희생을 요구합니다.

먼저 희생을 치르든지 나중에 치르든지

순서가 다를 뿐입니다.

희생 없이 얻은 것은 후에 더 큰 희생을 치르게 합니다.

211

예수님은 기독교를 창시하러 오신 것이 아니라
십자가에서 대신 죽으러 오셨습니다.
그리고 다 용서하셨습니다.
그래서 그분을 기뻐하고 그분 안에서 자유합니다.

부활이 없다면
십자가는 헛수고이고
기독교는 사기극입니다.

213

대신 손해 보지 않았고
대신 죽지 않았다면
십자가는
사형을 위한 형틀에 불과하거나
사람들 몸과 건물에 매달린
장식물에 지나지 않습니다.

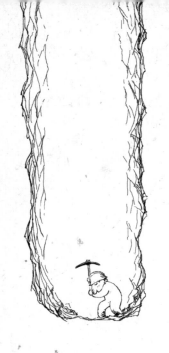

214

꿈이 이루어질 것이라는 믿음이 없으면 개꿈입니다.

꿈이 이루어질 때까지 애쓰지 않으면 헛꿈입니다.

처음에 힘든 길을 선택하면 갈수록 쉬워지고,
요령껏 쉬운 길부터 선택하면 갈수록 힘들어집니다.

인생에 지름길은 없습니다.
나중에 다시 먼 길을
돌아갈 뿐입니다.

성품은 손해와 이익의 갈림길에서 드러나고,
믿음은 위기와 기회의 갈림길에서 드러납니다.

218

자신을 무너뜨리는 것보다 큰 용기가 없고,
자신을 바로 세우는 것보다 강한 의지가 없습니다.

219

뜻대로 되는 것이 하나도 없을지라도
노력은 할 수 있습니다.
그리고 그 순간 씨앗은 반드시 뿌려집니다.

220

두려움은 끝없이 나를 합리화하고 남을 비난합니다.
그러나 그렇게 해서 두려움은 쫓겨나가지 않습니다.
오직 사랑만이 두려움을 내어 쫓습니다.

221

죽을 때 가져가야 할 것을 생각하며 사는 사람은
죽을 때 가져갈 수 없는 것에 묶이지 않습니다.

222

버리기로 작정하면 아까울 것이 없고,
지기로 작정하면 부러울 것이 없고,
죽기로 작정하면 문제될 것이 없습니다.

223

과거가 부를 때마다 달려간 사람과
미래가 부를 때마다 돌아선 사람 가운데
행복한 사람이 없습니다.

224

화를 내는 것은
배울 필요가 없습니다.

그러나 화를 다스리는 것은
배워야 하고 연습해야 합니다.
화를 다스리는 것은
후천적 능력입니다.

성공할 때까지 수많은 실수와 실패를 경험하는 까닭은
성공했을 때 그 실패와 실수를 반복하는 사람들에게
도움이 되라는 뜻입니다.

의로운 사람이 고난을 겪지 않으면
세상이 달라질 수가 없고,
죄 없는 사람이 억울한 일을 겪지 않으면
세상이 변할 수가 없습니다.
세상은 반드시 값을 치르고 변합니다.

사랑 때문에 눈물짓고 밤을 밝혔다면
제대로 사랑하고 있는 것이고,
꿈 때문에 욕을 얻어먹고 적이 생겼다면
제대로 꿈을 꾸고 있는 것입니다.

빛은 어둠을 몰아내지만
어둠은 빛을 내쫓지 못합니다.
어둠은 빛을 더욱 드러낼 뿐입니다.

쇠는 녹을 제 힘으로 못 벗겨내고,
사람은 죄를 제 힘으로 못 씻어냅니다.

어떻게 살지는
내가 선택합니다

230

"오늘 하루가 생애 마지막 날이라면 뭘 하고 살겠습니까?"
많은 사람들이 답합니다.
"더 사랑하고 다 용서하고 떠나겠습니다."
그런데 왜 꼭 마지막 날에 그래야 합니까?

누군가를 미워하기에
인생은 너무 길고,
누군가를 사랑하기에
인생은 너무 짧습니다.

232

불운은
내가 선택한 것이 아니지만,
불행은
언제나 내가 선택한 것입니다.

233

우리가 살 수 있는 시간은 현재밖에 없습니다.
그러나 두 현재 중 하나를 택해서 삽니다.
상처 가득한 과거를 현재로 살거나
꿈이 가득한 미래를 현재로 삽니다.
어떻게 살지는 내가 선택합니다.

234

사랑은 사랑을 낳고 미움은 미움을 낳고
칭찬은 칭찬을 낳고 비난은 비난을 낳습니다.
미움도, 칭찬도, 비난도 내가 낳고 내가 기릅니다.

235

반복되는 실수는 우연이 아니라
내가 결정한 나의 태도입니다.

236

첫 번째는 내가 몰라서 실수한 것이고,
두 번째는 내가 알고도 선택한 것입니다.

237

일등하고도 삼류 인생을 살 수 있고,

꼴찌하고도 일류 인생을 살 수 있습니다.

등수는 남에게 달렸고 수준은 나한테 달렸기 때문입니다.

238

도전하지 않는 젊음은 사치스럽고,

겸손하지 않은 늙음은 어리석습니다.

말은 생각의 씨앗이고,
결정은 운명의 씨앗입니다.
씨앗 뿌리는 대로 열매를 거둡니다.

240

더 많이 가지려고 애쓰는 동안에는
가진 것조차 제대로 누리지 못합니다.

241

원망해 봐야 아무 것도 바뀌지 않습니다.
나도 안 바뀝니다.

242

다른 사람의 잘못을 입증한다고 해서
내가 옳다는 것이 증명되는 것은 아닙니다.
그러니 그 일에 시간 쓸 일이 아닙니다.

243

어리석은 행동을 한 것이 부끄러운 일이 아니라,
어리석은 경험에 머물러 있는 것이 부끄러운 일입니다.

244

사랑하면
이해하지 못할 사람이 없고,
미워하면
이해되는 사람이 없습니다.

두려우면 밉지 않은 사람이 없고,
평안하면 미운 사람이 없습니다.
결국은 내가 만드는 세상입니다.

세상에서 가장 귀한 것을 가장 천한 것으로도 만들 수 있고,
가장 천한 것을 가장 귀한 것으로도 만들 수 있습니다.
사람만이 그럴 수 있습니다.

중독은
한 순간에 오지 않습니다.
내가 계속해서
선택한 것입니다.

247

꽃은 앞다투어 피지 않고 때가 되어서 피고,
서로 다투다가 지지 않고 때가 되어서 집니다.

248

망하는 길로 데려가는 두 안내자가 있으니
고집과 경망입니다.

거칠게 말할수록 거칠어지고,
음란하게 말할수록 음란해지고,
사납게 말할수록 사나워집니다.

그러다가 어느 날
내가 말한 그 세상 속에 갇힙니다.

지혜로운 사람은 작은 것을 버려 큰 것을 얻고,
어리석은 사람은 큰 것을 버리고 작은 것을 취합니다.
이익에 눈이 가려지고 손해에 마음을 빼앗기면
크고 작은 것이 거꾸로 보입니다.

사치는 가치가 아니고, 명품은 인품이 아닙니다.
다 내가 목마르다는 것을 드러낼 뿐입니다.

252

세상에서 가장 어리석은 고통은 그 사람을 나처럼 만들려는
것이고, 그에 못지않은 고통은 내가 그 사람처럼 되려고
하는 것입니다. 나는 나일 뿐입니다.

내가 대접받기를 포기하는 것은 잠시 고통이지만,
내가 대접받기를 갈망하는 것은 평생 고통입니다.

많은 얘기를 듣는 것보다
옳은 얘기 하나 듣는 것이 낫고,
많은 지식을 가진 것보다
바른 지식 하나 가진 것이 낫습니다.

255

두 눈이 있다고 바로 보는 것이 아니고,
두 귀가 있다고 바로 듣는 것이 아니고,
두 발이 있다고 바로 걷는 것이 아닙니다.

결국은 자기 원하는 대로 보고 듣고 걷습니다.

세상 사람들이 바라는 것을 바라다 지치고,
다른 사람들이 구하는 것을 구하다 병들어
내가 정말 원하는 것이 무엇인지도 모르고
세상을 떠납니다.

운명대로 사는 것이 아니라 성격대로 삽니다.
팔자 따라 가는 것이 아니라 친구 따라 갑니다.

258

희망을 빼앗아 갈 수 있는
사람은 없습니다.
희망은 다만
내가 내다버릴 수 있을 뿐입니다.

그 일을 하지 못하는 것은 바빠서가 아니라
다른 일에 관심이 더 많기 때문이고,
그 사람을 만나지 못하는 것은 바빠서가 아니라
다른 사람에게 관심이 더 많기 때문입니다.

꿈이 없으면 돈이 커 보이고,
생각이 없으면 사람이 커 보이고,
믿음이 없으면 세상이 커 보입니다.
그리고 나는 점점 작아집니다.

다 가진 사람이 형통한 사람이 아니라,
다 가진 사람까지 축복할 수 있는 사람이
형통한 사람입니다.

262

알고 보면 너나없이 다 힘듭니다.
다만 힘들다고 말하는 사람과
힘들어도 말 안 하는 사람이 있을 뿐이고,
단지 힘들어도 견디는 사람과
힘들면 포기하는 사람이 있을 뿐입니다.

263

가진 것을 세는 사람은 웃는 얼굴이고,
잃은 것을 세는 사람은 화난 얼굴입니다.
가질 것을 계산하는 사람은 초조한 얼굴이고,
잃을 것을 계산하는 사람은 두려운 얼굴입니다.

기회가 있다고 믿는 사람은 반드시 기회를 붙들고,
기회가 없다고 생각하는 사람은 눈앞의 기회도 놓칩니다.
기회는 오고 가는 것이 아니라 내가 눈 뜨는 것입니다.

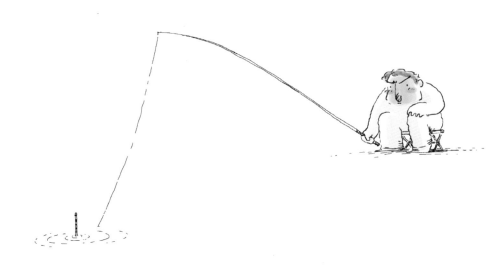

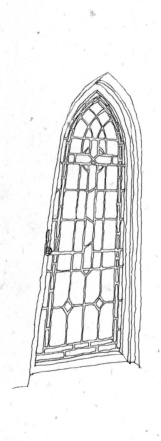

Part 3 ══════════ 사랑할 수 없는 곳에

사랑이 있다

09
—

낮아질 수 있는 만큼이

사랑입니다

265

사랑은 메아리입니다.

누군가 먼저 소리 내지 않으면 결코 울려 퍼지지 않습니다.

또 누군가 이어가지 않으면 끝내 사그라지고 맙니다.

266

사람을 두려워하는 것보다 큰 덫이 없고,
사람을 기대하는 것보다 큰 올가미가 없습니다.
사람은 믿고 의지할 대상이 아니라
다만 사랑할 대상입니다.

267

사람이 사람을 닮는 길은 두 길입니다.
미워하면서 닮는 길과 사랑하면서 닮는 길입니다.
미워하면서 닮으면 일생 싸우고,
사랑하면서 닮으면 일생 섬깁니다.

일생 사랑한다는 말 한마디 듣지 못하고
사는 사람이 너무 많습니다.
일생 사랑이 무엇인지 모른 채
사랑한다고 말하는 사람도 너무 많습니다.
사랑은 나보다 당신을 더 귀하게 여기는 삶입니다.

죽음보다 두려운 것은
사랑할 줄 모르는 것입니다.

270

사랑의 빚은 결코 다 되갚지 못합니다.
다만 또 다른 사람에게 흘러갈 뿐입니다.

271

결혼이 독신으로부터의 구원이 아니라
사랑이 독신으로부터의 구원입니다.

272

사랑하면 머릿속에 가득하던 조건이
다 사라집니다.

273

나도 그도
그냥 힘닿는 대로
품어 주면 족합니다.

274

사랑한다는 것은 그 사람을 위해 손해를 각오하는 것이며
위험을 무릅쓰는 것입니다.

275

마음에 들어서 사랑하는 것이 아니라
사랑하기로 결정했기 때문에
마음을 바꾸는 것입니다.

믿음은 고난과 역경을 견딥니다.

희망은 고난과 역경을 이깁니다.

그러나 사랑은 먼저 고난과 역경 속에 뛰어듭니다.

사랑은 더 나은 사람을 찾는 것이 아니라

한번 붙든 사람을 끝까지 놓치지 않는

아름다운 동행입니다.

사랑은
더 나은 사람을
만들기 위해
애쓰지 않습니다.

사랑하고
또 사랑했더니

어느 날
더 나은 사람이
되어 있는 것을
목격하는 삶입니다.

279

사랑하면 최대한으로 일하고,
두려우면 최소한으로 일합니다.
사랑하면 그 사람 책임도 내가 지겠다고 나서고,
두려우면 내 책임도 그에게 떠넘기고 맙니다.

280

믿음은 믿을 수 없는 곳에 있고,
사랑은 사랑할 수 없는 곳에 있습니다.

281

사랑에 깊이 빠지는 것이 아니라
사랑으로 한걸음씩 올라가는 것입니다.
사랑 말고는 더 높은 곳에 이르는 길은 없습니다.

282

가장 큰 실수는
나는 실수하지 않는다고 착각하는 것이고,
가장 큰 교만은 실수하는 사람을
무턱대고 비난하는 것입니다.

283

사랑하면 별 문제 없습니다.

모든 문제는 내가 당신보다 중요하다는 생각으로 커지는데

사랑은 언제나 당신이 나보다 중요하다는 태도이기에

문제는 사랑 앞에 서면 점점 작아집니다.

284

결국 떠날 사람은 떠나고 남을 사람은 남습니다.
떠난 사람에게 마음 빼앗기지 말고 남은 사람에게
마음 인색하지 마십시오.
오래도록 가까이 있는 것이 우정과 사랑입니다.

285

작은 사랑은
사람을 내 곁에 묶어 두지만,

큰 사랑은

사람을 내 곁에서 떠나보냅니다.

286

그 사람을 사랑하는 것보다
내 상처가 치유되는 것이 더 중요하다고 생각하기 때문에
더 많은 사람들이 상처를 겪습니다.

287

사랑하면 기도의 자리에 앉아 있지 않아도
기도하는 것이고,
사랑하지 않으면 기도의 자리에 앉아 있어도
기도하지 않는 것입니다.

사람은 사랑 받고 사랑하는 만큼 건강하고,

사랑 받지 못하고 사랑하지 못한 만큼 병듭니다.

정말 사랑하면
그가 달라는 것과
그가 좋아하는 것을 주기보다
그에게 꼭 필요한 것을 줍니다.

친구를 만들고 싶다면 그들과 같은 일을 하면 되고,
원수가 되고 싶다면 그들을 바꾸려고 하면 됩니다.

꿈을 이루지 못한 것이 비극이 아니라
꿈을 갖지 않은 것이 비극입니다.
사랑을 잃은 것이 슬픔이 아니라
사랑하지 못한 것이 슬픔입니다.

292

나보다 더 소중하고 나보다 더 위대하고
나보다 더 가치 있는 존재를 발견하는 것보다
더 큰 기쁨은 없습니다.

293

내 마음대로 안 되는 사람 때문에 분노가 일면
내 안에 사랑이 없다는 뜻이고,
내 뜻대로 안 되는 일 때문에 짜증이 나면
내 안에 믿음이 없다는 뜻입니다.

탐욕은 결핍감 때문이고, 폭력은 불안감 때문이고,
음란은 사랑에 목마른 때문입니다.

지옥 만드는 방법은 간단합니다.
가까이 있는 사람 미워하면 됩니다.
천국 만드는 방법도 간단합니다.
가까이 있는 사람 사랑하면 됩니다.
모든 것이 다 가까이에서 시작됩니다.

간단한 사람은 없습니다.
내가 간단하게 여길 뿐입니다.
쉬운 사람은 없습니다.
내가 쉽게 대할 뿐입니다.

10

힘 중의 힘은

용서입니다

297

십자가 사랑에 빚졌기에
오늘 하루 누군가의 허물을
가려 주는 삶이 되게 하소서.

298

어리석은 용서가 지혜로운 복수보다 낫고,
무모한 사랑이 똑똑한 고독보다 낫습니다.

299

복수는 과거를 못 바꾸지만 용서는 미래까지 바꿉니다.
복수는 그를 못 바꾸지만 용서는 나까지 바꿉니다.

300

힘 중의 힘은 용서이고,
부 중의 부는 나눔이고,
지혜 중의 지혜는
작아지는 것입니다.

나는 사랑하면 사랑할수록 목마르고,

이웃은 사랑하면 사랑할수록 넉넉합니다.

302

기도한 사람은 사라져도
기도는 사라지지 않습니다.

303

아무리 큰 실수도 사랑하면 용서가 되고,
아무리 작은 잘못도 싫어하면 용서가 되지 않습니다.
그러니 용서는 그 사람이 저지른 잘못의 문제가 아니라
그를 향한 내 애증의 문제입니다.

304

싸워 이기는 것은 작은 능력입니다.
싸운 뒤에 화해하는 것은 큰 능력입니다.
그러나 안 싸우고 더불어 지낼 수 있는 것은
가장 큰 능력입니다.

305

증오는
나를 과거에 묶겠다는
결정이고,

용서는
내가 미래로 가겠다는
의지입니다.

306

용기가 있어야 복수하고,
더 큰 용기가 있어야 용서합니다.

307

안 다투고 친해지는 사람 없습니다.
안 풀고 깊어지는 관계도 없습니다.

308

제대로 싸울 줄을 몰라서 제대로 친해질 줄도 모릅니다.
그래서 원수처럼 삽니다.

그 사람이 싫은 이유가 딱히 없다면
내가 못났기 때문이고,
그 사람이 싫은 이유가 분명하다면
내가 교만하기 때문입니다.

미움은 아무 것도 개혁하지 못합니다.
미움은 또 다른 미움을 낳을 뿐입니다.

311

친구를 가까이하는 사람은 다정한 사람이고,
원수를 가까이하는 사람은 고결한 사람입니다.

312

존중하지 않아도 될 사람을 존중하는 것 외에
세상을 더 나은 세상으로 만드는 다른 길은 없습니다.
원수를 이웃으로 대접하는 것 외에
세상을 더 혁명하는 다른 길은 없습니다.

실패는 성공에 점점 가까이
다가가고 있다는 사인이고,
용서는 비로소 그 사람을
사랑하기 시작했다는 사인입니다.

314

사랑과 용서는 세상을 떠받치는 두 기둥입니다.
증오와 복수는 그 기둥을 부수는 두 망치입니다.

315

잘못 내뱉은 말은 잊히는 법이 없습니다.
다만 용서받을 수 있을 뿐입니다.
하지만 우리가 쉽게 용서하지 않는 까닭은
내가 수없이 내뱉은 말로
누군가 상처 입은 일은 까맣게 잊었기 때문입니다.

용서했다고 그 사실을 잊어서는 안 되며,
용서받았다고 그 사실을 잊었을 것이라고
생각해서도 안 됩니다.

용서는 포용이지
망각이 아닙니다.

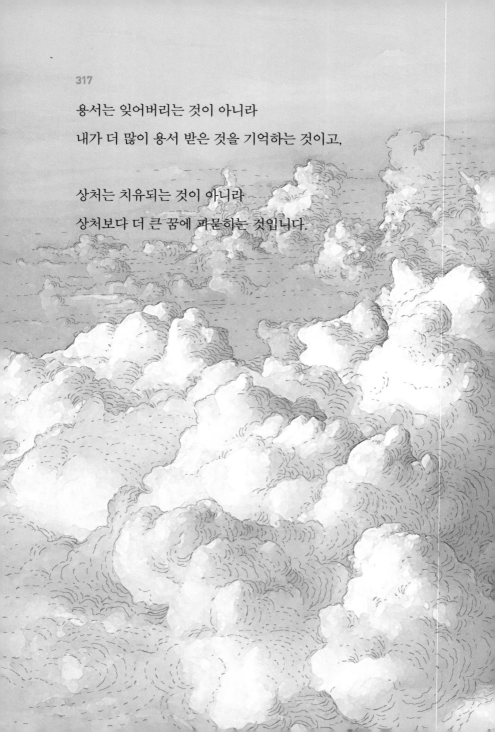

317

용서는 잊어버리는 것이 아니라
내가 더 많이 용서 받은 것을 기억하는 것이고,

상처는 치유되는 것이 아니라
상처보다 더 큰 꿈에 파묻히는 것입니다.

318

가족이란 내가 잘못한 것이 없을 때에도
때로 먼저 용서를 구해야 하는 사람들이고,
동시에 아무리 잘못하고 내게 용서를 구하지 않아도
내가 먼저 용서해야 하는 사람들입니다.

319

내가 그 사람에게 실망했다면 필시 그 사람은
내게 더 실망했습니다.
그러니 실망을 넘어 그에게 분노할 것까지는 없습니다.

인간의 운명은

사랑하는 사람에게 결국 배신당하는 것이고,

배신당할 것을 알면서도

끝내 사랑해야 하는 것입니다.

11

지혜 중의 지혜는 작아지는 것입니다

321

높은 산 정상에서

보물을 캔 사람은 없습니다.

보물은 언제나

낮은 곳 깊은 땅 속에 있기 때문입니다.

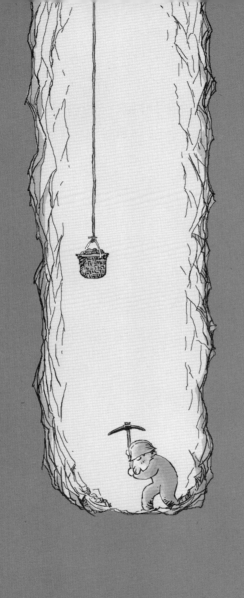

용감한 사람이란 두려워하지 않는 사람이 아니라
두렵지만 그 두려움보다 더 큰 이유 때문에
행동하는 사람입니다.

내 입을 가려야 할 손으로
내 눈을 가리면
남의 허물만을 탓합니다.

324

진실은 언제나 말이 적고,
거짓은 언제나 말이 많습니다.

귀가 문제를 일으키는 법은 없습니다.

늘 혀가 말썽입니다.

기회가 와도 기회를 알아채지 못하는 까닭은

기회가 수고와 희생과 헌신의 얼굴로 다가오기 때문입니다.

바둑이 끝나면 흑이건 백이건
반상에서 다 내려와야 하고,
장기가 끝나면 왕이건 졸이건
다 한 통에 들어가야 합니다.

내 그림자가 너무 크면 다른 사람이 안 보입니다.

대접은 받을 수는 있어도 요구할 수는 없습니다.
요구해서 받는 것은 대접이 아닙니다.
대부분 대접 받은 줄 알지만 실제 받은 것은 경멸입니다.

다툼을 일으키는 사람이 아니라 다툼을 잠잠케 하고,

장애물을 만드는 사람이 아니라

장애물을 치워주는 사람이 지도자입니다.

지혜란 마음에 담을 말과 버릴 말을 구분하는 능력입니다.

버릴 말 마음에 담다 인생이 묶이고,

담을 말 버리다가 인생을 떠내려 보냅니다.

332

내 잘못을 솔직히 시인하는 것보다
담백한 지혜가 없고,
내 소유를 스스로 내려놓는 것보다
대단한 용기도 없습니다.

333

내 뜻을 이루기 위해서가 아니라
내 뜻을 꺾기 위해 기도하지 않는 한
세상은 기도로 바뀌지 않습니다.

지혜는 누구한테 물어야 할지를 아는 것입니다.

지혜는
겸손한 자에게 흐르고,
사랑은
낮은 자에게 흐르며,
평안은
믿는 자에게 흘러갑니다.

제대로 알면 아는 티를 내지 않고,
정말로 친하면 친한 티를 내지 않습니다.
어설픈 사람이 항상 티를 냅니다.

지혜로운 친구 한 명 사귀는 것이
어리석은 무리와 밤낮 어울리는 것보다
백배 천배 낫습니다.

사물은 앞과 뒤가 다릅니다.
사람도 앞과 뒤가 다릅니다.
지혜는 앞을 보고 이게 전부라고 말하지 않습니다.
지혜로운 사람은 내가 본 것을 전부라고
고집하지 않습니다.

어리석은 자는 앞만 보고 결정하지만
지혜로운 자는 뒤를 보고 결정합니다.
어리석은 자는 잠시 보고 결정하지만
지혜로운 자는 오래 보고 결정합니다.

잘못 알고서도 저돌적으로 행동하는 사람들과
제대로 알고서도 머뭇거리는 사람들 사이에서
세상은 늘 표류합니다.

누가 옳은가를 서로 따지면 적이 될 수밖에 없고,
무엇이 옳은지를 함께 찾으면 친구가 될 수 있습니다.

감사의 깊이가 삶의 깊이입니다.
무슨 일이건 감사하는 사람은
누구도 넘어뜨리지 못합니다.
감사하는 버릇이야말로
인간의 능력 중의 능력입니다.

스스로 무엇을 원하는지도 모르면서
신이 되고 싶어 하는 인간보다 위험한 존재는 없습니다.

12

따뜻한 사람이
살 만한 세상을 만듭니다

344

똑똑한 사람이 아니라

따뜻한 사람이

사람 살 만한 세상을 만듭니다.

345

원래 내 것이란 없습니다.

내 것이라는 착각에 속고 있거나,

내 것이라는 고집에 묶여 있을 뿐입니다.

346

나눔이
손해 보는 적이 없고,
베풂이
가로막는 적이 없습니다.

347

나를 위한 열심은 이기심이고,
남을 위한 열심은 영성입니다.
겉만 보면 다를 바 없습니다.

348

남에게 퍼주다가 망한 사람은 없습니다.
저 혼자 쌓다가 망한 사람은 많습니다.

349

한 개의 노를 저어 앞으로 가는 배는 없습니다.
혼자 힘으로 세상을 사는 사람도 없습니다.

350

수없이 많은 친절을 받고도 나는 대가를 지불한 적이
없는데 내가 베푼 친절에는 대가를 바라다니
나는 얼마나 이기적입니까!

351

물에 빠진 사람을 살리는 기쁨을 맛본 사람은
더 이상 물가에서 모래성을 쌓는 행복을 바라지 않습니다.

떠날 때를 몰라서 욕심부리고,
죽을 때를 몰라서 움켜줍니다.

작은 호의는 이웃의 삶을 따뜻하게 하고,
큰 호의는 이웃의 삶을 깨끗하게 합니다.
그래서 크고 작은 호의가 다 필요합니다.

외가닥 줄은 쉽게 끊어지고,

홀로 타는 장작은 빨리 꺼집니다.

같이 갈 수 있는 만큼 같이 가야 합니다.

355

나이 든 만큼
어른 되는 것이 아니라,
남을 배려하는 만큼
어른스러워지는 것입니다.

356

실제로 한 번이라도 자비를 베푸는 것이
도덕을 50년 동안 공부하고
100년 동안 가르치는 것보다 낫습니다.

269

357

나의 열심이 오직 나를 위한 열심이 될 때
그 열심은 모든 관계를 적대적으로 만듭니다.

358

나밖에 모르는 사람이 잘못 믿으면서
누구보다 열심히 기도하면 괴물이 됩니다.

남을 괴롭히는 사람에게는 평안이 없고,
남을 도와주는 사람에게는 불안이 없습니다.
평안과 불안은 이웃과의 관계에 달렸기 때문입니다.

정의는 힘없는 사람들이
힘을 갖게 되는 곳에서
이뤄지는 것이 아니라,

힘 있는 사람들이 스스로 힘을
자제할 줄 아는 곳에서 이뤄집니다.

내 안의 선의는 다른 사람에게 전해지기 전에
나를 먼저 살리고, 내 안의 악의는 다른 사람에게
전달되기 전에 나를 먼저 해칩니다.

헌신은 관계의 결과이지
관계의 수단이 아닙니다.

363

내가 더 중요하다고 생각하는 사람들은

세상을 어지럽게 만들고,

내가 더 가져야 한다고 생각하는 사람들은

이웃을 병들게 합니다.

364

내가 잘되는 것은 작게 잘되는 것이고,

나를 통해 남이 잘되는 것은 크게 잘되는 것입니다.

365

비움이 있어야 채움이 있고,
나눔이 있어야 더함이 있고,
죽음이 있어야 중생이 있습니다.